TEXTE

DE LA

LOI SUR LES RÉCIDIVISTES

DU 27 MAI 1885

ET DU

RÈGLEMENT D'ADMINISTRATION PUBLIQUE

DU 26 NOVEMBRE 1885

Suivi

D'OBSERVATIONS SUR L'APPLICATION JUDICIAIRE DE LA LOI

D'APRÈS LES PRINCIPES GÉNÉRAUX ET LES TRAVAUX PRÉPARATOIRES

PAR HENRI SIMON

AVOCAT AU TRIBUNAL DE VERSAILLES

PARIS

L. LAROSE ET FORCEL

Libraires-Éditeurs

22, RUE SOUFFLOT, 22

1886

TEXTE

DE LA

LOI SUR LES RÉCIDIVISTES

DU 27 MAI 1885

ET DU RÈGLEMENT D'ADMINISTRATION PUBLIQUE

DU 26 NOVEMBRE 1885

IMPRIMERIE
CONTANT-LAGUERRE

LVX · VITAM

BAR LE-DUC

TEXTE

DE LA

LOI SUR LES RÉCIDIVISTES

DU 27 MAI 1885

ET DU

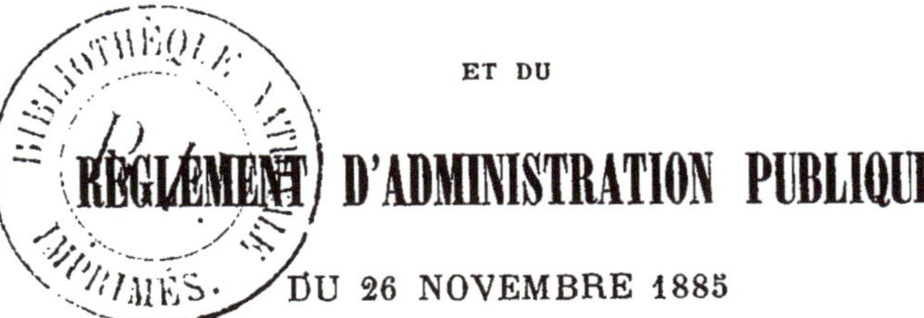

RÈGLEMENT D'ADMINISTRATION PUBLIQUE

DU 26 NOVEMBRE 1885

Suivi

D'OBSERVATIONS SUR L'APPLICATION JUDICIAIRE DE LA LOI

D'APRÈS LES PRINCIPES GÉNÉRAUX ET LES TRAVAUX PRÉPARATOIRES

PAR HENRI SIMON

AVOCAT AU TRIBUNAL DE VERSAILLES

PARIS

L. LAROSE ET FORCEL

Libraires-Éditeurs

22, RUE SOUFFLOT, 22

1886

LOI DU 27 MAI 1885

SUR LES RÉCIDIVISTES.

Art. **1**. — La relégation consistera dans l'internement perpétuel, sur le territoire des colonies ou possessions françaises, des condamnés que la présente loi a pour objet d'éloigner de France.

Seront déterminés, par décrets rendus en forme de règlement d'administration publique, les lieux dans lesquels pourra s'effectuer la relégation, les mesures d'ordre et de surveillance auxquelles les relégués pourront être soumis par nécessité de sécurité publique, et les conditions dans lesquelles il sera pourvu à leur subsistance, avec obligation du travail à défaut de moyens d'existence dûment constatés.

Art. **2**. — La relégation ne sera prononcée que par les cours et tribunaux ordinaires, comme conséquence des condamnations encourues devant eux, à l'exclusion de toutes juridictions spéciales et exceptionnelles.

Ces cours et tribunaux pourront toutefois tenir compte des condamnations prononcées par les tribunaux militaires et maritimes, en dehors de l'état de siège ou de guerre, pour les crimes ou délits de droit commun spécifiés à la présente loi.

Art. **3**. — Les condamnations pour crimes ou délits politiques ou pour crimes ou délits qui leur sont connexes ne seront, en aucun cas, comptées pour la relégation.

Art. **4**. — Seront relégués les récidivistes qui, dans quelque ordre que ce soit, et dans un intervalle de dix ans, non compris la durée de toute peine subie, auront encouru les condamnations énumérées à l'un des paragraphes suivants :

1° Deux condamnations aux travaux forcés ou à la réclusion, sans qu'il soit dérogé aux dispositions des paragraphes 1 et 2 de l'article 6 de la loi du 30 mai 1854 ;

2° Une des condamnations énoncées au paragraphe précédent et deux condamnations, soit à l'emprisonnement pour faits qualifiés crimes, soit à plus de trois mois d'emprisonnement pour :

Vol ;

Escroquerie ;

Abus de confiance ;

Outrage public à la pudeur ;

Excitation habituelle de mineurs à la débauche ;

Vagabondage ou mendicité, par application des articles 277 et 279 du Code pénal ;

3° Quatre condamnations, soit à l'emprisonnement pour faits qualifiés [crimes, soit à plus de trois mois d'emprisonnement pour les délits spécifiés au paragraphe 2 ci-dessus ;

4° Sept condamnations, dont deux au moins prévues par les deux paragraphes précédents, et les autres, soit pour vagabondage, soit pour infraction à l'interdiction de résidence signifiée par application de l'article 19 de la présente loi, à la condition que deux de ces autres condamnations soient à plus de trois mois d'emprisonnement.

Sont considérés comme gens sans aveu et seront punis des peines édictées contre le vagabondage, tous individus qui, soit qu'ils aient ou non un domicile certain, ne tirent habituellement leur subsistance que du fait de pratiquer ou faciliter sur la voie publique l'exercice de jeux illicites, ou la prostitution d'autrui sur la voie publique.

Art. 5. — Les condamnations qui auront fait l'objet de grâce, commutation ou réduction de peine, seront néanmoins comptées en vue de la relégation. Ne le seront pas celles qui auront été effacées par la réhabilitation.

Art. 6. — La relégation n'est pas applicable aux individus

qui seront âgés de plus de soixante ans ou de moins de vingt et un ans , à l'expiration de leur peine.

Toutefois, les condamnations encourues par le mineur de vingt et un ans compteront en vue de la relégation, s'il est, après avoir atteint cet âge , de nouveau condamné dans les conditions prévues par la présente loi.

ART. 7. — Les condamnés qui auront encouru la relégation resteront soumis à toutes les obligations qui pourraient leur incomber en vertu des lois sur le recrutement de l'armée.

Un règlement d'administration publique déterminera dans quelles conditions ils accompliront ces obligations.

ART. 8. — Celui qui aurait encouru la relégation par application de l'article 4 de la présente loi, s'il n'avait pas dépassé soixante ans, sera, après expiration de sa peine, soumis à perpétuité à l'interdiction de séjour édictée par l'article 19 ci-après.

S'il est mineur de vingt et un ans, il sera, après l'expiration de sa peine, retenu dans une maison de correction jusqu'à sa majorité.

ART. 9. — Les condamnations encourues antérieurement à la promulgation de la présente loi seront comptées en vue de la relégation, conformément aux précédentes dispositions. Néanmoins, tout individu qui aura encouru avant cette époque des condamnations pouvant entraîner dès maintenant la relégation n'y sera soumis qu'en cas de condamnation nouvelle dans les conditions ci-dessus prescrites.

ART. 10. — Le jugement ou l'arrêt prononcera la relégation en même temps que la peine principale; il visera expressément les condamnations antérieures par suite desquelles elle sera applicable.

ART. 11. — Lorsqu'une poursuite devant un tribunal correctionnel sera de nature à entraîner l'application de la relégation, il ne pourra jamais être procédé dans les formes édictées par la loi du 20 mai 1863 sur les flagrants délits.

Un défenseur sera nommé d'office au prévenu, à peine de nullité.

Art. **12**. — La relégation ne sera appliquée qu'à l'expiration de la dernière peine à subir par le condamné. Toutefois, faculté est laissée au gouvernement de devancer cette époque pour opérer le transfèrement du relégué.

Il pourra également lui faire subir tout ou partie de la dernière peine dans un pénitencier.

Ces pénitenciers pourront servir de dépôt pour les libérés, qui y seront maintenus jusqu'au plus prochain départ pour le lieu de relégation.

Art. **13**. — Le relégué pourra momentanément sortir du territoire de relégation en vertu d'une autorisation spéciale de l'autorité supérieure locale.

Le ministre seul pourra donner cette autorisation pour plus de six mois ou la réitérer. Il pourra seul aussi autoriser, à titre exceptionnel et pour six mois au plus, le relégué à rentrer en France.

Art. **14**. — Le relégué qui, à partir de l'expiration de sa peine, se sera rendu coupable d'évasion ou de tentative d'évasion ; celui qui, sans autorisation, sera rentré en France ou aura quitté le territoire de relégation ; celui qui aura outrepassé le temps fixé par l'autorisation, sera traduit devant le tribunal correctionnel du lieu de son arrestation ou devant celui du lieu de relégation, et, après reconnaissance de son identité, sera puni d'un emprisonnement de deux ans au plus.

En cas de récidive, cette peine pourra être portée à cinq ans.

Elle sera subie sur le territoire des lieux de relégation.

Art. **15**. — En cas de grâce, le condamné à la relégation ne pourra en être dispensé que par une disposition spéciale des lettres de grâce.

Cette dispense par voie de grâce pourra d'ailleurs intervenir après l'expiration de la peine principale.

Art. **16**. — Le relégué pourra, à partir de la sixième année de sa libération, introduire, devant le tribunal de la localité, une demande tendant à se faire relever de la relégation, en justifiant de sa bonne conduite, de services rendus à la colonisation et de moyens d'existence.

Les formes et conditions de cette demande seront déterminées par le règlement d'administration publique prévu par l'article 18 ci-après.

ART. **17**. — Le gouvernement pourra accorder aux relégués l'exercice, sur les territoires de relégation, de tout ou partie des droits civils dont ils auraient été privés par l'effet des condamnations encourues.

ART. **18**. — Des règlements d'administration publique détermineront :

Les conditions dans lesquelles les relégués accompliront les obligations militaires auxquelles ils pourraient être soumis par les lois sur le recrutement de l'armée ;

L'organisation des pénitenciers mentionnés en l'article 12 ;

Les conditions dans lesquelles le condamné pourra être dispensé provisoirement ou définitivement de la relégation pour cause d'infirmité ou de maladie, les mesures d'aide et d'assistance en faveur des relégués ou de leur famille, les conditions auxquelles des concessions de terrains provisoires ou définitives pourront leur être accordées, les avances à faire, s'il y a lieu, pour premier établissement, le mode de remboursement de ces avances, l'étendue des droits de l'époux survivant, des héritiers et des tiers intéressés sur les terrains concédés, et les facilités qui pourront être données à la famille des relégués pour les rejoindre ;

Les conditions des engagements de travail à exiger des relégués ;

Le régime et la discipline des établissements ou chantiers où ceux qui n'auraient ni moyens d'existence ni engagement seront astreints au travail ;

Et en général toutes les mesures nécessaires à assurer l'exécution de la présente loi.

Le premier règlement destiné à organiser l'application de la présente loi sera promulgué dans un délai de six mois au plus à dater de sa promulgation.

ART. **19**. — Est abrogée la loi du 9 juillet 1852 concernant l'interdiction, par voie administrative, du séjour du département de la Seine et des communes de l'agglomération lyonnaise.

La peine de la surveillance de la haute police est supprimée. Elle est remplacée par la défense faite au condamné de paraître dans les lieux dont l'interdiction lui sera signifiée par le gouvernement avant sa libération.

Toutes les autres obligations et formalités imposées par l'article 44 du Code pénal sont supprimées à partir de la promulgation de la présente loi, sans qu'il soit toutefois dérogé aux dispositions de l'article 635 du Code d'instruction criminelle.

Restent en conséquence applicables pour cette interdiction les dispositions antérieures qui réglaient l'application ou la durée, ainsi que la remise ou la suppression de la surveillance de la haute police, et les peines encourues par les contrevenants, conformément à l'article 45 du Code pénal.

Dans les trois mois qui suivront la promulgation de la présente loi, le gouvernement signifiera aux condamnés actuellement soumis à la surveillance de la haute police, les lieux dans lesquels il leur sera interdit de paraître pendant le temps qui restait à courir de cette peine.

Art. **20**. — La présente loi est applicable à l'Algérie et aux colonies.

En Algérie, par dérogation à l'article 2, les conseils de guerre prononceront la relégation contre les indigènes des territoires de commandement qui auront encouru, pour crimes ou délits de droit commun, les condamnations prévues par l'article 4 ci-dessus.

Art. **21**. — La présente loi sera exécutoire à partir de la promulgation du règlement d'administration publique mentionné au dernier paragraphe de l'article 18.

Art. **22**. — Un rapport sur l'exécution de la présente loi sera présenté chaque année, par le ministre compétent , à M. le Président de la République.

Art. **23**. — Toutes dispositions antérieures sont abrogées en ce qu'elles ont de contraire à la présente loi.

DÉCRET DU 26 NOVEMBRE 1885

RENDU EN CONSEIL D'ÉTAT.

TITRE I.

ART. **1**. — La relégation est individuelle ou collective.

ART. **2**. — La relégation individuelle consiste dans l'internement, en telle colonie ou possession française déterminée, des relégués admis à y résider en état de liberté, à la charge de se conformer aux mesures d'ordre et de surveillance qui seront prescrites en exécution de l'article 1er de la loi du 27 mai 1885. Ces relégués sont soumis dans la colonie au régime du droit commun et aux juridictions ordinaires.

Sont admis à la relégation individuelle, après examen de leur conduite, les relégables qui justifient de moyens honorables d'existence, notamment par l'exercice de professions ou de métiers, ceux qui sont reconnus aptes à recevoir des concessions de terre et ceux qui sont autorisés à contracter des engagements de travail ou de service pour le compte de l'État, des colonies ou des particuliers.

ART. **3**. — La relégation collective consiste dans l'internement, sur un territoire déterminé, des relégués qui n'ont pas été, soit avant, soit après leur renvoi hors de France, reconnus aptes à bénéficier de la relégation individuelle.

Ces relégués sont réunis dans des établissements où l'administration pourvoit à leur subsistance et ils sont astreints au travail.

Ils sont justiciables, pour la répression des crimes ou délits, d'une juridiction spéciale qui sera organisée par un règlement d'administration publique.

Art. **4**. — La relégation individuelle sera subie dans les diverses colonies ou possessions françaises.

La relégation collective s'exécutera dans les territoires de la colonie de la Guyane et, si les besoins l'exigent, de la Nouvelle-Calédonie ou de ses dépendances, qui seront déterminés et délimités par décrets.

Des règlements d'administration publique pourront désigner ultérieurement d'autres lieux de relégation collective.

Il peut être envoyé temporairement, sur le territoire des diverses colonies, des groupes ou détachements de relégués à titre collectif, pour être employés sur les chantiers de travaux publics.

La désignation des colonies où seront envoyés ces relégués, des travaux en vue desquels aura lieu cet envoi, l'organisation des groupes et détachements seront déterminées par décrets rendus en Conseil d'État.

Art. **5**. — Les mêmes établissements et les mêmes circonscriptions territoriales ne doivent, en aucun cas, être affectés concurremment à la relégation collective et à la transportation.

Art. **6**. — Il est procédé pour l'admission au bénéfice de la relégation individuelle de la manière suivante :

Le parquet près la cour ou le tribunal ayant prononcé la relégation, le préfet du départemeut où résidait le relégable avant sa dernière condamnation, le directeur soit de l'établissement, soit de la circonscription pénitentiaire où le relégable se trouvait détenu en dernier lieu, sont appelés à donner leur avis.

Des médecins, désignés par le ministre de l'intérieur, examinent l'état de santé et les aptitudes physiques du relégable et consignent leurs constatations et leur avis dans des rapports.

Le dossier est transmis à une commission spéciale, dite « commission de classement, » sur les propositions de laquelle le ministre de l'intérieur statue définitivement.

ART. 7. — La commission de classement est constituée par décret sur le rapport du ministre de l'intérieur, après entente avec ses collègues de la justice et de la marine et des colonies.

Elle est composée de sept membres :

Un conseiller d'État élu par les conseillers d'État en service ordinaire, président ;

Deux représentants de chacun des trois départements de la justice, de l'intérieur et de la marine et des colonies.

La commission élit son vice-président.

Un secrétaire, désigné par le ministre de l'intérieur, est chargé de la rédaction des procès-verbaux et de la conservation des archives.

La commission ne peut délibérer que lorsque quatre de ses membres au moins sont présents.

Les délibérations sont prises à la majorité des voix ; en cas de partage, la voix du président est prépondérante.

ART. 8. — En ce qui concerne les condamnés dont la peine a été subie dans une colonie, il est statué définitivement par décision du ministre de la marine et des colonies, après avis du gouverneur et du conseil de santé, sur les propositions d'une commission de classement nommée par le gouverneur. Cette commission est composée : d'un magistrat, président, et de deux membres chargés de représenter, l'un la direction de l'intérieur, et l'autre le service pénitentiaire.

ART. 9. — Lorsqu'un relégué, subissant la relégation collective, se trouve dans les conditions énoncées dans l'article 2 du présent décret, il peut demander à être admis au bénéfice de la relégation individuelle. Cette demande est soumise à la procédure réglée par l'article 8 et transmise au ministre de la marine et des colonies, qui statue définitivement. Cette décision est portée à la connaissance du ministre de la justice et du ministre de l'intérieur.

ART. 10. — Le bénéfice de la relégation individuelle peut

être retiré au relégué : 1° en cas de nouvelle condamnation pour crime ou délit ; 2° pour inconduite notoire ; 3° pour violation des mesures d'ordre et de surveillance auxquelles le relégué était soumis ; 4° pour rupture volontaire et non justifiée de son engagement ; 5° pour abandon de sa concession.

Le retrait est prononcé définitivement par le ministre de la marine et des colonies, sur la proposition du gouverneur, après avis de la commission instituée par l'article 8. Cette décision est portée à la connaissance du ministre de la justice et du ministre de l'intérieur.

Art. **11**. — Avant le départ des relégués, le ministre de l'intérieur peut, en cas d'urgence et à titre provisoire, les dispenser de la relégation, pour cause de maladie ou d'infirmité, sur le rapport du directeur de l'établissement ou de la circonscription pénitentiaire et après avis des médecins chargés du service de santé.

La dispense, conférée à titre provisoire, ne peut durer plus d'une année. Elle ne peut être renouvelée qu'après avis de la commission de classement instituée par l'article 7.

La dispense ne peut être accordée à titre définitif qu'après l'instruction spéciale prévue à l'article 6 et sur avis conforme de la commission de classement.

TITRE II.

Mesures d'exécution en France.

Art. **12**. — Il est statué par le ministre de l'intérieur, après avis du ministre de la justice, sur la situation des relégables avant qu'ils soient envoyés hors de France, notamment en ce qui concerne leur placement dans les pénitenciers spéciaux, créés en vertu de l'article 12 de la loi du 27 mai 1885.

Art. **13**. — Les individus condamnés à la relégation qui sont maintenus, pendant tout ou partie de la durée des peines à subir avant leur envoi hors de France, dans les divers établissements pénitentiaires normalement destinés à l'exécution de ces peines, doivent être séparés des détenus non soumis à la relégation.

Art. **14**. — Les mesures d'ordre à prescrire dans les divers établissements pénitentiaires ordinaires pour préparer les condamnés à la relégation sont déterminées par décisions ministérielles.

Art. **15**. — Les relégables, qui subissent tout ou partie de leur peine dans les pénitenciers spéciaux créés en vertu de l'article 12 de la loi du 27 mai 1885, y sont préparés à la vie coloniale. Ils sont soumis au travail dans des ateliers ou chantiers organisés autant que possible en vue d'un apprentissage industriel ou agricole.

Ils peuvent y être répartis en groupes et en détachements d'ouvriers ou de pionnniers pour l'emploi éventuel de leur main-d'œuvre aux colonies.

Aucun contact ne doit exister entre les relégués et la population libre.

Le temps de séjour dans les pénitenciers spéciaux est compté pour l'accomplissement des peines à subir avant l'envoi en relégation.

Art. **16**. — La création et l'installation de chacun de ces établissements, l'affectation des emplacements, des bâtiments, des domaines et terrains nécessaires sont ordonnés par décrets, après avis du conseil supérieur des prisons.

Les pénitenciers spéciaux relèvent de l'administration pénitentiaire métropolitaine, sont placés sous l'autorité du ministre de l'intérieur et soumis aux mêmes conditions générales de gestion et de contrôle que les autres établissements pénitentiaires.

Art. **17**. — La répartition et le classement des relégables • dans les pénitenciers sont effectués d'après leur conduite, leurs antécédents, leurs aptitudes et leur destination éventuelle.

Il sera tenu compte, dans le règlement intérieur, des différences de traitement qu'implique la nature même de la peine restant à subir aux condamnés avant la relégation, sans qu'il y ait à séparer nécessairement ceux qui, par la dernière condamnation encourue, appartiennent à des catégories pénales différentes.

Toutefois les relégables, qui subissent dans les pénitenciers spéciaux la peine des travaux forcés, ne peuvent être mis en commun, pendant la durée de cette peine, avec les relégables appartenant à d'autres catégories pénales.

Art. **18**. — Les relégables ayant accompli la durée des peines à subir avant la relégation peuvent être maintenus en dépôt dans les établissements pénitentiaires ordinaires ou dans les pénitenciers spéciaux, jusqu'à leur départ pour les lieux de relégation, notamment pendant l'instruction sur les causes de dispense et pendant la durée des dispenses accordées à titre provisoire.

Art. **19**. — Les relégables maintenus en dépôt sont astreints aux conditions de discipline et de travail arrêtées pour chaque établissement, mais avec les différences de régime que comporte leur situation comparée à celle des condamnés relégables en cours de peine.

Il est tenu compte à chacun des condamnés relégables maintenus en dépôt de la valeur du produit de son travail, déduction faite d'une part à retenir à titre de compensation pour les dépenses occasionnées par lui dans l'établissement, notamment pour son entretien, et sous réserve des prescriptions réglementaires concernant le mode d'emploi du pécule ainsi que la disposition de l'avoir.

La retenue ne peut dépasser le tiers du produit du travail.

Art. **20**. — Il sera organisé, comme pénitenciers spéciaux de relégation pour les femmes, des établissements ou quartiers distincts, dans lesquels la discipline, le régime et les travaux seront appropriés à leur situation, d'après les règles générales édictées au présent décret.

Art. **21**. — Les décrets et arrêtés réglementaires nécessaires à l'exécution des articles 14, 15, 19 et 20 ne seront rendus qu'après avis du conseil supérieur des prisons.

ART. **22**. — Le transfèrement des relégables aux colonies avant l'expiration des peines à subir en France, conformément à l'article 12 de la loi du 27 mai 1885, est autorisé par le ministre de l'intérieur, après avis du ministre de la justice et du ministre de la marine et des colonies.

ART. **23**. — Dans tous les cas où il y a lieu d'effectuer le transfèrement des relégables hors de France, les décisions dont ils ont été l'objet sont transmises au ministre de la marine et des colonies.

Celui-ci, après avis du ministre de l'intérieur et de la commission de classement instituée par l'article 7, désigne soit le territoire où doit être envoyé chaque condamné soumis à la relégation collective, soit la colonie ou la possession française où sera interné le condamné admis au bénéfice de la relégation individuelle.

ART. **24**. — Les décisions du ministre de la marine et des colonies et du ministre de l'intérieur sont notifiées aux condamnés. Ceux qui sont admis à la relégation individuelle reçoivent, en outre, notification des mesures d'ordre et de surveillance qui feront l'objet d'un règlement ultérieur, conformément à l'article 1er de la loi du 27 mai 1885.

ART. **25**. — Les opérations et les époques d'embarquement des relégables sont arrêtées de concert entre les ministres chargés de l'exécution de la loi.

ART. **26**. — Le ministre de la marine et des colonies fournit tous les six mois au ministre de l'intérieur, pour chacune des colonies ou possessions françaises, des renseignements et documents permettant d'établir les offres et les besoins de travail qui se produisent, ainsi que le nombre et les catégories de relégables qui peuvent trouver emploi dans les services, ateliers, exploitations ou chantiers soit publics, soit particuliers.

TITRE III.

Mesures d'exécution aux colonies.

ART. **27**. — Après leur embarquement et jusqu'à leur arrivée aux lieux de relégation, les relégables sont maintenus en état de dépôt. Ils sont, en outre, soumis aux conditions d'ordre et aux règles disciplinaires déterminées par le ministre de la marine et des colonies.

Lorsque l'envoi hors de France précède l'expiration des peines, la durée du transfèrement est comptée pour l'accomplissement de ces peines.

ART. **28**. — A leur arrivée ou durant leur séjour dans la colonie, les femmes envoyées en relégation individuelle peuvent, soit sur leur demande, soit d'office, lorsque des moyens honorables d'existence leur font défaut, être placées dans des maisons d'assistance et de travail où il est pourvu à leurs besoins.

Elles peuvent y être maintenues jusqu'à ce qu'elles aient trouvé à s'engager ou à s'établir dans des conditions suffisantes de bon ordre et de moralité.

ART. **29**. — Un arrêté du gouverneur, approuvé par le ministre de la marine et des colonies, déterminera les facilités à donner aux femmes reléguées pour se procurer du travail et des moyens d'établissement dans la colonie.

Un règlement d'administration publique fixera les avantages particuliers qui pourront leur être accordés en argent ou en concessions de terre, en avances de premier établissement, en dons ou prêts d'outils, d'instruments et de tous objets nécessaires à une exploitation commerciale, industrielle ou agricole. Ces divers avantages pourront être consentis, tant au profit des conjoints et des enfants à naître, qu'au profit des femmes reléguées.

ART. **30**. — Les femmes qui ont été envoyées en relégation collective peuvent obtenir les facilités et avantages ci-dessus, lorsqu'elles justifient d'une bonne conduite et d'aptitudes suffisantes.

Art. **31**. — Il sera organisé, sur les territoires affectés à la relégation collective, des dépôts d'arrivée et de préparation où seront reçus et provisoirement maintenus les relégués à titre collectif.

Ces dépôts pourront comprendre des ateliers, chantiers et exploitations où seront placés les relégués pour une période d'épreuve et d'instruction.

Les relégués y seront formés, soit à la culture, soit à l'exercice d'un métier ou d'une profession, en vue des engagements de travail ou de service à contracter et des concessions de terres à obtenir selon leurs aptitudes et leur conduite.

Art. **32**. — Les relégués qui n'ont pas été admis à la relégation individuelle, soit avant leur départ de France, soit pendant leur séjour dans les dépôts de préparation, sont envoyés dans des établissements de travail.

Ces établissements peuvent consister en ateliers, chantiers de travaux publics, exploitations forestières, agricoles ou minières.

Les relégués sont répartis entre ces établissements d'après leurs aptitudes, leurs connaissances, leur âge et leur état de santé.

L'administration peut toujours les admettre, sur leur demande, à revenir dans les dépôts de préparation pour une nouvelle période d'épreuve et d'instruction.

Art. **33**. — Sur autorisation du gouverneur et sous les conditions fixées par lui, dans des règlements transmis immédiatement au ministre de la marine et des colonies et communiqués aux ministres de la justice et de l'intérieur, des établissements, exploitations et domaines particuliers peuvent être assimilés aux établissements publics que mentionne le précédent article pour fournir du travail et des moyens de subsistance aux condamnés soumis à la relégation collective.

Il peut, en conséquence, être envoyé et maintenu dans ces établissements privés des groupes ou détachements de relégués qui demeurent placés sous la surveillance des agents de l'État et qui sont soumis au même régime et aux mêmes règles disciplinaires que dans les établissements publics de travail.

Art. **34**. — Les relégués qui, sans avoir perdu le bénéfice de la relégation individuelle, en vertu de l'article 10 du présent décret, se trouvent dans l'impossibilité de pourvoir à leur subsistance, peuvent, sur leur demande, être temporairement employés par les soins de l'administration dans des exploitations, ateliers ou chantiers.

Art. **35**. — Les relégués qui sont employés dans un des établissements affectés à la relégation collective sont rémunérés à raison de leur travail, sous réserve d'une retenue à opérer pour la dépense occasionnée par chacun d'eux, notamment pour les frais d'entretien. Cette retenue ne peut excéder le tiers du produit de la rémunération.

Art. **36**. — Les relégués placés dans un. de ces mêmes établissements peuvent recevoir du dehors des offres d'occupation et d'emploi et justifier d'engagements de travail ou de service pour être autorisés à quitter l'établissement.

Ils peuvent de même être admis à bénéficier de concessions de terre, à raison de leur conduite et de leurs aptitudes.

Les autorisations d'engagement et les concessions n'entraînent pas de plein droit l'admission au bénéfice de la relégation individuelle, qui doit être demandée et obtenue conformément à l'article 9 du présent décret.

Art. **37**. — Les peines de la réclusion et de l'emprisonnement prononcées contre les relégués pour crimes ou délits, par quelque juridiction que ce soit, doivent être subies sans délai, à défaut de prisons proprement dites, dans des locaux fermés, spécialement destinés à cet effet, sans réunion ou contact des condamnés, ni avec la population libre, ni avec les relégués non condamnés.

Art. **38**. — Les châtiments corporels sont et demeurent interdits à l'égard des relégués.

Art. **39**. — Les commissions de classement, instituées par les articles 7 et 8 du présent décret, sont appelées à donner leur avis avant qu'il soit statué sur la situation des relégués et sur les mesures qui les concernent, spécialement aux cas prévus par les articles 31 à 36.

Le conseil de santé de la colonie est consulté sur toutes les questions intéressant le régime et l'hygiène des relégués.

ART. **40**. — Les relégués ont toujours le droit d'adresser leurs demandes et réclamations par plis fermés, soit aux autorités administratives ou judiciaires de la colonie où ils sont internés, soit aux ministres de la marine et des colonies et de la justice.

Ces demandes et réclamations doivent être transmises indistinctement et sans retard à destination par les soins des fonctionnaires et agents chargés des services de la relégation.

ART. **41**. — Les ministres de la justice, de l'intérieur, de la marine et des colonies sont chargés, chacun en ce qui le concerne, de l'exécution du présent décret, qui sera inséré au *Bulletin des lois,* au *Bulletin officiel* de la marine et aux journaux officiels de la métropole et des colonies.

OBSERVATIONS

SUR LA LOI DU 27 MAI 1885.

Sur l'article **1.**

Sur la relégation, voy. *M. Garçon, professeur à la faculté de droit de Douai, Journ. du droit crimin., oct., nov., déc. 1885. M. Tournade, substitut à Valence, Commentaire de la loi sur les récidivistes.*

1. — La relégation organisée par la loi nouvelle est une peine au sens juridique du mot. Cela a été constaté par plusieurs fois dans les travaux préparatoires. Le rapport de *M. Waldeck-Rousseau*, à la Chambre des députés, disait : « La transportation (relégation) est une peine, c'est-à-dire qu'elle ne peut être prononcée que par les tribunaux et ne peut jamais être appliquée par mesure administrative. C'est une peine accessoire, non politique, perpétuelle et obligatoire » (*Ch. des Dép., 1882*).

2. — De ce que la relégation est une peine, nous conclurons : 1° que si un jugement définitif a omis de la prononcer, elle ne peut être appliquée au condamné ;

3. — 2° Qu'on ne peut l'étendre par analogie d'un cas prévu par la loi à un cas non prévu ;

4. — 3° Qu'on ne peut la prononcer avec une condamnation pour faits antérieurs au jour où la loi du 27 mai 1885 est devenue exécutoire ;

5. — 4° Que la réhabilitation du condamné fait cesser la relégation. Cette solution qui était applicable à la surveillance de la haute police est encore fortifiée par le nouvel article 634 du Code d'instruction criminelle modifié par la loi du 14 août 1885. Ce texte porte en effet que la réhabilitation efface la condamnation.

6. — La prescription de la peine principale prononcée avec la relégation éteindra-t-elle celle-ci? La solution négative était admise pour la surveillance par l'article 48 du Code pénal. L'opinion contraire nous semble préférable pour la relégation qui est non pas une simple incapacité résultant du jugement mais une peine analogue à l'obligation de résidence dans les lieux de transportation prévue par l'article 6 de la loi du 30 mai 1854. Or, tout le monde admet que cette obligation s'éteint par la prescription de la peine principale.

Sur l'article **2.**

7. — Les cours et tribunaux ordinaires, en dehors des juridictions militaires indiquées par l'article 20 pour l'Algérie, seront les cours d'assises, les chambres des appels correctionnels et les tribunaux correctionnels. Cela a été reconnu formellement. « Les conseils de guerre, les commissions disciplinaires sont les « tribunaux ordinaires » des territoires de commandement; c'est pour cette raison que nous avons employé cette expression « ordinaires » dans l'article 2. Mais il est bien entendu que pour ce qui concerne la France, les tribunaux ordinaires sont les cours et tribunaux correctionnels » (*M. Gerville-Réache, rapporteur, Ch. des Dép., 1er mai 1883*).

8. — Par conséquent, les crimes et délits commis à l'audience d'une juridiction civile et punis selon les articles 181 et 507 du Code d'instruction criminelle ne peuvent être comptés en vue de la relégation. Pour rester dans l'esprit de la loi, il faut donner cette solution même si le crime ou délit est commis à l'audience d'une juridiction criminelle ou correctionnelle; la procédure des articles 181 et 507 serait en effet en contradiction avec l'article 11 de notre loi et d'ailleurs les crimes ainsi commis ne sont pas de ces infractions habituelles que le législateur de 1885 a voulu spécialement réprimer.

9. — Les condamnations prononcées par des tribunaux étrangers contre des Français ou contre des étrangers ne sont jamais comptées pour la relégation (*M. Waldeck-Rousseau, ministre de l'intérieur, Ch. des Dép., 7 mai 1883*).

10. — Les conseils de guerre ne peuvent jamais prononcer la relégation. Les propositions en sens contraire ont été repoussées au Sénat.

11. — Quant aux tribunaux de droit commun, ils peuvent tenir compte des condamnations émanant des conseils de guerre en dehors de l'état de siège ou de guerre, mais ils ont sur ce point un pouvoir absolu d'appréciation. « La commission a voulu, a-t-il été dit au Sénat, que le juge pût examiner les condamnations prononcées par le tribunal militaire ou maritime, apprécier ces condamnations et ne pas faire application de la relégation » (*M. Ninard, membre de la commission. Sénat, 25 oct. 1884*).

Sur l'article **4,** *premier alinéa.*

12. — Quelles condamnations doivent être comptées? Ce sont d'abord les condamnations contradictoires définitives. Quant aux condamnations par défaut, si elles sont encore susceptibles d'opposition, elles ne doivent pas plus être comptées que pour l'application des peines de la récidive ordinaire. Nous donnerons la même règle pour les condamnations par contumace dans le cas fort rare où la question se pose, parce qu'elles ne remonteraient pas à plus de 10 ans, c'est-à-dire quand le contumax aurait avant 10 ans commis une nouvelle infraction pour laquelle il serait également jugé par défaut; car, s'il est présent, la condamnation par contumace tombe immédiatement et il n'y a plus de question. Mais si la condamnation par défaut ou contumace est devenue irrévocable par prescription, elle conservera tout son effet sur la relégation. Les principes imposent cette solution.

13. — Doit-on compter comme distinctes plusieurs condamnations prononcées séparément lorsque les juges ont ordonné la confusion des peines par application de l'article 365 du Code d'instruction criminelle ? Nous ne le croyons pas ; en effet, l'idée du législateur et de la jurisprudence est que toutes les infractions auraient dû être jugées simultanément et punies d'une seule peine. Or, si le hasard des instructions a divisé les poursuites, il ne doit résulter aucun préjudice pour l'inculpé d'une situation dont il n'est pas responsable. Ajoutons que notre article parle de récidivistes, et que le récidiviste est celui qui commet une nouvelle faute après un jugement définitif ; il n'y a donc pas récidive lorsque l'article 365 est applicable.

14. — Mais le principe du non cumul des peines peut conduire à une autre espèce. Un individu est poursuivi pour un délit prévu à notre article et pour un autre délit étranger à la loi nouvelle mais donnant lieu à une peine plus grave qui est seule prononcée. Ainsi, il est poursuivi pour abus de confiance et pour menaces de mort sous condition et condamné en vertu de l'article 305 du Code pénal à l'emprisonnement pour plus de trois mois. Devra-t-on considérer qu'il a été condamné pour abus de confiance à la peine prononcée ? S'il s'agit d'appliquer dès à présent la relégation, les juges pourront la prononcer en estimant que dans leur esprit l'abus de confiance entre pour plus de trois mois dans la peine. Mais si le coupable n'a pas encore les condamnations exigées par notre article, les autres juges qui auront plus tard à s'occuper de la relégation, ne pourront savoir si l'abus de confiance est entré pour plus de trois mois dans notre condamnation et ils ne devront pas la compter, le doute profitant toujours à l'inculpé.

15. — Le délai de 10 ans ne peut être interrompu par aucun acte autre que la condamnation définitive à la relégation ; il ne peut être suspendu que par le temps employé à subir effectivement une peine privative de liberté.

Sur l'article 4, 1°.

16. — Bien que nous soyons dans une matière de droit étroit, il nous semble impossible de ne pas compter la condamnation à mort commuée ou remise par grâce.

Sur l'article **4, 2°.**

17. — Par condamnations à l'emprisonnement pour faits qualifiés crimes, il faut entendre seulement celles qui sont réduites à l'emprisonnement par l'effet des circonstances atténuantes; il ne faudrait pas y comprendre les condamnations pour crime abaissées à l'emprisonnement par l'effet d'une excuse atténuante. On lit en effet dans les débats . parlementaires : « La cour d'assises ne prononce pas de peine inférieure à un an de prison pour des faits qualifiés crimes; les tribunaux correctionnels, eux, prononcent des peines inférieures à un an de prison. Notre première rédaction ne faisait pas de distinction; nous disions tout simplement : « Deux condamnations à « trois mois de prison au moins pour l'un des délits spéci- « fiés, etc..... » *M. Labussière* nous a demandé de faire une distinction entre les condamnations prononcées par les cours d'assises et les condamnations prononcées par les tribunaux correctionnels. Notre rédaction nouvelle fait droit à cette réclamation de notre collègue » (*M. Gerville-Réache, rapporteur, Ch. des Dép., 23 juin 1883*). Cette déclaration, applaudie sur les bancs de la Chambre, montre que le législateur a en vue ici des condamnations criminelles descendant à un an et pas au-dessous. Or, en cas d'excuse, la peine du crime peut descendre à 6 mois de prison (art. 326 Pén.), sans compter les circonstances atténuantes. Ce n'est donc pas là l'hypothèse visée par notre loi. Les textes primitifs étaient encore plus explicites (Proposition de *MM. Waldeck-Rousseau et Martin-Feuillée, Ch. des Dép., février 1882*. — Projet du gouvernement, *Ch. des Dép., nov. 1882*). Or, nous devons suivre la volonté du législateur plutôt que ses expressions, surtout lorsqu'il s'agit d'une loi pénale et que cette solution est favorable à l'inculpé (*Contrà, M. Garçon, op. cit.*).

18. — On ne doit pas considérer comme vol, au sens de notre article, le délit de détournement commis par un dépositaire public et puni correctionnellement dans l'hypothèse prévue par l'article 171 du Code pénal. Un amendement en sens contraire de *M. Gomot, député,* a été rejeté par la Chambre (*Ch. des Dép., 7 mai 1883*).

19. — Pour ce qui est du vol dans les champs, *M. de Gavardie, sénateur,* a demandé s'il devait être compris dans notre article. Bien que la réponse n'ait pas été très nette, il semble bien que le législateur n'a pas voulu compter, en vue de la relégation, les délits punis par l'article 388 du Code pénal. Voici la réponse de la commission : « Il ne s'agit pas ici de vol dans les champs, de ce qu'on appelle généralement le maraudage, pour lequel sont réservées, par la juridiction correctionnelle, des peines insignifiantes, mais de délits d'un tout autre caractère, d'une nature autrement grave » (*M. Ninard, membre de la commission. Sén., 10 février 1885*).

Sur l'article 4, 4°.

20. — A la différence des hypothèses prévues sous les numéros précédents de notre article 4, une condamnation à une peine criminelle ne remplacerait pas ici deux condamnations correctionnelles pour des délits de l'article 4, 2°. « La commission, dit *M. Gerville-Réache, rapporteur,* ne veut pas que la relégation ait lieu lorsqu'il y a seulement cinq condamnations pour vagabondage et une pour crime » (*Ch. des Dép., 26 juin 1883*).

21. — Il n'est pas nécessaire, pour l'application de la relégation, qu'il y ait cinq condamnations pour vagabondage ; s'il y a plus de deux condamnations à plus de trois mois pour crime ou pour les délits prévus par l'article 4, 2°, il suffit que les condamnations pour vagabondage complètent le nombre de sept. Ainsi, il y aura relégation après *trois* condamnations à plus de trois mois pour vol et *quatre* condamnations seulement pour vagabondage. Notre texte a été remanié dans ce sens sur la demande de *M. Ninard,* au nom de la commission du Sénat (*Sén., 10 février 1885*).

22. — La loi n'indique pas de minimum pour quelques-

unes des condamnations prévues par l'article 4, 4°. Il est bien
évident qu'une condamnation correctionnelle à six jours d'emprisonnement sera comptée pour la relégation. Mais faut-il
compter aussi une condamnation à l'amende ou à une peine de
simple police? *M. Lagrange, député,* a demandé des éclaircis-
sements sur le minimum de la peine. *M. Laroze, président
de la commission,* n'a pas donné de réponse satisfaisante, et
il semble bien résulter de la discussion que toute condamnation
pour vagabondage doit être comptée. — *Contrà, M. Tournade,
op. cit.*

23. — L'infraction à l'interdiction de résidence punie par
l'article 19 de la loi est comptée au même titre que la condamnation pour vagabondage. Malgré l'analogie des situations, le
texte ne permet pas de compter également la condamnation
pour infraction aux règles de la relégation selon l'article 14.

Sur l'article 5.

24. — Nous avons dit sur l'article 1ᵉʳ que la prescription
de la dernière peine principale prononcée en même temps que
la relégation faisait disparaître celle-ci. Mais faut-il tenir compte,
pour prononcer la relégation, d'une condamnation antérieure
dès à présent prescrite? Oui, évidemment. La prescription éteint
la peine prononcée; mais ici la relégation n'avait pas été prononcée; la condamnation prescrite doit intervenir seulement
comme un élément, comme une condition de cette relégation;
or, la prescription n'efface pas les condamnations; l'élément
nécessaire à la relégation n'aura donc pas disparu. C'est la
solution admise pour la récidive des articles 56 et suivants du
Code pénal et les principes sont absolument les mêmes.

25. — Au sujet de la réhabilitation, il convient de rappeler
ici qu'elle a été modifiée par la loi du 14 août 1885 et qu'elle efface actuellement la condamnation. L'article 5 de la loi du 27
mai 1885 fait donc une application anticipée de la loi qui allait
être votée quelques mois plus tard.

Sur l'article **6**.

26. — Le rapport de *M. de Verninac* au Sénat constate qu'il faut considérer l'âge à l'expiration de la peine prononcée par le juge, sans s'occuper des réductions de peine qui interviendraient (*Sén., 1884*). Cette solution est confirmée par *M. Herbette, commissaire du gouvernement :* « Les individus qui devraient se trouver âgés de plus de 60 ans au moment où devra cesser légalement la peine comportant la relégation comme conséquence, ne seront pas passibles de la relégation. L'arrêt ou le jugement ne la prononcera pas contre eux » (*Sén., 10 février 1885*).

27. — A l'égard du mineur, quelle devra être la condamnation postérieure à sa majorité? Nous l'examinerons sur l'article 9, au n° 29.

Sur l'article **9**.

28. — *M. de Gavardie, sénateur,* a fait remarquer que cet article violait le principe de non-rétroactivité des lois (*Sén., 10 février 1885*). Il ne lui a pas été répondu. Mais de savants jurisconsultes enseignent que les dix-sept articles de la Déclaration des droits de l'homme de 1789 font partie de notre droit constitutionnel, comme étant compris dans la Constitution de 1870 qui n'a pas été abrogée sur ce point, ni expressément, ni tacitement. Or, la non-rétroactivité de la loi pénale est écrite dans la Déclaration avant de l'être dans l'article 4 du Code pénal. On peut donc soutenir que notre article 9 est contraire au droit constitutionnel en vigueur et que les tribunaux ne doivent pas l'appliquer. Nous ne traiterons pas cette controverse qui nous demanderait trop de développements.

29. — En suivant la loi telle qu'elle est, voyons quelle devra être la nouvelle condamnation prévue par l'article 9 pour que les juges prononcent la relégation. Bien que cela paraisse dur, il faut, croyons-nous, décider que toute condamnation prévue par l'article 4 suffira pour que les juges invoquent toutes les condamnations antérieures de moins de 10 ans; il pourra sans doute sembler bizarre qu'un homme ayant subi deux condamnations aux travaux forcés avant 1885 soit relégué pour avoir été condamné, après cette date, à 6 jours de prison comme vagabond; car cette condamnation n'en fait guère un malfaiteur d'habitude. Mais toute autre solution amènerait des résultats encore plus étranges.

30. — Que faut-il entendre par « condamnation nouvelle? » D'après les principes généraux du droit pénal rappelés sur l'article 1er, c'est une condamnation pour une infraction commise postérieurement au jour où la loi est devenue exécutoire. Or, d'après l'article 21, elle est exécutoire à dater de la promulgation du règlement d'administration publique. Ce règlement a paru au *Journal officiel* du 27 novembre 1885 et les juges saisis d'une infraction antérieure à cette date ne peuvent y attacher la relégation (Art. 4, Pén.). — *Contrà, M. Garçon, op cit.*

Sur l'article **11.**

31. — Si de plusieurs co-inculpés quelques-uns seulement sont susceptibles d'être relégués après la condamnation, « la procédure des flagrants délits peut être employée contre ceux des inculpés qui ne tombent pas sous l'application de la loi » (Rapport de *M. de Verninac, Sén. 1884*).

32. — Le défenseur d'office, avocat ou avoué, sera désigné par le président ou son délégué par analogie avec l'article 294 du Code d'instruction criminelle et avec l'article 29 de la loi du 22 janvier 1851 sur l'assistance judiciaire.

Sur l'article **19.**

33. — La jurisprudence a décidé que la surveillance de la haute police était supprimée à dater de la promulgation de la loi (*Cass., 19 juin 1885*).

34. — D'après les déclarations de *M. Gerville-Réache*, *rapporteur*, l'interdiction de séjour sera prononcée de la même façon que la surveillance, tantôt obligatoire, tantôt facultative (*Ch. des Dép., 12 mai 1885*).

Sur l'article 21.

35. — Voy. le n° 30, ci-dessus.

BAR-LE-DUC, IMPRIMERIE CONTANT-LAGUERRE.

9 782014 110159